1

AF288401

Constantin Bachfischer

Herzens – Seele
Ein Dialog mit dem Herzen

Texte, Gedichte, Sprüche & Bilder

Impressum

Titel der Originalausgabe: „Herzens - Seele"
Ein Dialog mit dem Herzen
1. Auflage März 2011
© Constantin Bachfischer www.all-life-balance.com

Einbandgestaltung & Lektorat: Djannet Bourema
Texte, Gedichte, Sprüche & Bilder: C. Bachfischer

Inspirationen: Mein Leben mit allen Begegnungen

Herstellung und Verlag: Books on Demand GmbH,
Norderstedt
ISBN: 978-3-8423-1845-8

Fehler und Möglichkeiten:
Für all diejenigen die nach Fehlern suchen, es wurden
auch welche versteckt, denn ein Fehler wird sich immer
einschleichen, erst recht, wenn man keine Fehler
machen will. Doch wer sagt was ein Fehler ist? Daraus
entstehen Möglichkeiten, mach was draus!

Anmerkungen:
Nehme dir Zeit beim Spüren des Buches, mach es dir
gemütlich, fühle dich wohl und spüre dich und das Buch.
Fühle die Texte und die Bilder, erlebe Deine eigene
Stimmigkeit, was stimmt und was nicht. Spüre dein
Herz, sei einfach da.

„Für Djannet"
Meine Liebe

Liebe und viel Heilung wünsch ich
dir, vom Herzen heute Morgen sehr.
Zeit für dich, Licht für dich,
Kraft und Energie - Alles und noch
viel mehr. Wellenreiten und auf
dem Leben gleiten, eintauchen ins
Lebensglück. Das alles wünsch ich
dir. Lebe, Liebe, Heile, sei da,
erwache und lache - sei du endlich
da. Tauch ein in dein Lebensrausch,
auf in die Wellen so wie du es
brauchst. Lass dich treiben, sei im
Fluss, Genieß dein Leben im vollen
Genuss.

Wisch die Träne aus deinem Lid,
komm auf, sing dir und der Erde
heute dein Lied.
Schwinge, tanze lache fein,
lass die Liebe in dein Herz hinein.

Wenn du erkennst,
dass das Göttliche in dir ist,
in deinem Herzen und in
deiner Seele.
Alles Wissen was du brauchst,
wirst du mit Hilfe deines
Verstandes leben,
glücklich und zufrieden,
dein Herz ist Liebe und die Quelle
von allem ist Liebe,

dieser Quelle entspringst du.

7

Meine Beine wippen.
Ich renne,
weg von hier, bin nicht hier!
Renne weg, will laufen,
nicht hier sein,
gefangen – nein!
Trauen das ist es,
das lass ich sein,
allein,
da - hier
im Zimmerlein,
Allein!
Allein!

Ich liebe dich,
ich bleib bei dir,
ich lass dich ran,
ich zeig es dir,
Dein Schweigen und Zaudern,
beraubt mir den Glauben,
Aufgeben?

– NEIN –

Soll nicht sein

Denke nach,
denke vor,
denke rum und denke rüber,
denke - denke - denke
und dabei vergisst du
dein Leben zu leben.
Denken ist denken –
dein Leben wird aber gelebt,
lebe dein Leben.
Denken ist vor oder nach der Zeit,
Leben ist im Jetzt
und für das Jetzt ist jeder bereit.

Der Schmerz ist klar, wir haben
viel gelebt, sind gewachsen und
haben gelernt, geweint und gelacht
und vieles durchgemacht.
Klar liebte ich sie sehr!!!!
Doch das alles ist nun nicht mehr!!!
Ein neuer Schritt, ein weiter Weg
zu mir ich jetzt beschritt.
Vergangenes ist lange her, Zukunft
kommt noch bald und sehr,
das Jetzt ist wichtig und rein,
das zu leben das fällt mir ein.
Mich bewegen zu können und
laufen zu tun, Schritt für Schritt
das mach ich nun, mehr zu mir und
mehr zum Tun. Auf geht's jetzt
immer nun. Mein Herz hab ich
wieder, öffne mich wieder, die
Liebe ist da wie wunderbar.

Zeit brauchen die Wunden, oft in all zu langen Stunden, doch eines Morgens ist alles weg und los habe ich den Dreck. Frei zu sein und offen lieben, dass wird es bald wieder geben. Die Zeit wird heilen, ich werde mich beeilen, auch ich will mir helfen um mein Herz zu heilen. Loslassen jetzt und leben, jetzt, der Schmerz er reicht, das Leid es reicht, ich will lieben, leben, lernen, so will ich gesund und heil werden. Es einfach sein, gesund und heil, das werde und will ich sein. Das Jetzt ist es was wirklich zählt, ich hab zu leben jetzt in der Wirklichkeit.

15

Aus dem dunklen nassen grünen
Wald,
Schwert, Hiebe, Äxte Speere,
sie kommen bald,
den Hang hinunter,
die Brust durchbohrt,
zurück in den Wald an den
geheimen Ort.
Krieger aus den Wäldern
leben dort,
ziehen durch die Wälder und singen
in ihrem Heer,
aus dem dunklen nassen grünen
Wald,
kommen die Krieger wieder bald.
Erschlage ihre Feinde im
Blutes-Rausch,
begrüße ihre Freunde nach altem
Brauch.

Wer sagt, dass der Himmel oben ist
und die Hölle unten?
Kann Himmel und Hölle nicht
überall sein?
In dir?
In mir?
Links wie rechts, nah wie fern?
Wer sagt, die Hölle sei schlecht und
der Himmel gut?
Wer sagt, es braucht das eine für
dich, doch nicht das andere?
Wer weiß, was du brauchst?
Wer sagt, es geht um beides?
Himmel und Hölle
auf beiden vereint.

Ich hoffte und wollte
oft mein Herz für niemanden mehr.

Doch ließ ich es wieder zu,
mein Herz es wollte
leben, lieben und nun,
es pochte.

Wenn Menschen Wurzeln fehlen,
hat der Wind es leicht sie zu
verwehen.

Wenn Menschen Wurzen fehlen,
werden Nacht und Tag nur an
einem vorbeigehen.

Wenn Menschen Wurzeln fehlen,
wird einem immer etwas fehlen.

Wenn Menschen Wurzeln fehlen,
wissen sie nicht woher sie kommen.

Wenn Menschen Wurzeln fehlen,
liegt es an ihnen neue zu
bekommen.

Der Magen schmerzt
Das Herz es bricht
Das Lachen verronnen
Die Strahlen erloschen
Das Herz es schweigt
Ganz traurig
Ich wein

„Iss weniger, dafür bewusster
und
davon mehr"

„An einem Tisch für Zwei
ist kein Platz für Drei!"

Männer handeln,
Männer tun,
Männer spüren jetzt im nu,
Männer machen,
Männer schaffen,
Männer lachen
und werden erwachen,
Männer mit Liebe
und Herz und Schmerz,
mit Kraft und Tat werden erwacht,
Männer mit Herz,
Männer mit Kraft,
Aggression und Handeln,
Männer kommen in ihrem Saft,
Männer erwachen,
stellen Fragen,
hören auf zu lachen und machen
dumme Sachen,

Männer brauchen Väter,
Männer brauchen Männer,
Männer werden von Männern
gemacht,
Männer haben sich zu lösen,
Männer haben sich zu lieben,
Männer haben sich zu trauen,
Männer kämpfen,
Männer lassen, Männer fordern,
Männern geben,
Männer leben,
Männer stehen, Männer gehen,
Männer nehmen
Herausforderungen an,
Männer gehen Sachen an,
Männer werden durch Männer
gemacht,
ja so werden Männer gemacht.

Das Schwert mit Blut gehärtet
Egal die Farbe
Egal der Glaube
Egal was mal war
Zusammen stehen wir da
Seite an Seite, geben uns her
Füreinander zusammen im
Gottesheer
Vergrößern die Träume
Einige haben wir verloren
In Liebe verbunden
Gemeinsam marschiert
wir haben uns nie scheniert
voll Stolz und Kraft die Herzen
erhoben
so wollen wir dich oh
Göttliches loben.

Auf dem höchsten Berg,
im Nassen ich lag,
hungernd, frierend,
kalt wie im Sarg,
an dich ich dachte und fühlte mich
voll Liebe,
zu dir ich wollte und weg von hier,
du kamst gefahren mit vollem Gas
und befreitest mich munter vom
nassen Gras, mit Liebe und Kraft
so warst du da,
mit neuer Energie erweckt,
so stand ich vor dir da,
bewusst und klar wurde mir:
Ich will zu dir!

Meine was man denkt
          und nicht sagt
Meinen was man fühlt
          und nicht sagt
Meinen was ich will
          und dir nicht sage
Meinen was ich will
          und dich nicht frage
Meinen was Frau denkt
          und nicht sagt
Meinen was Frau wünscht
          und nicht fragt
Meinen tun wir viel alleine
          Mit „meinen"
bleibst du immer alleine

Lebe klar und ohne Furcht
Spreche was liegt auf deiner Brust
Lass es los und gebe es dahin
Freier Mensch soll gewinnen
Lebe klar und lebe froh
Spreche dein Ehrenwort immer so
Lass Liebe in dein Herz hinein
Lebe voller Herzensgüte in dein
Leben rein

Schwarzes tiefes unbekanntes Loch
Reinfallen tue ich immer wieder
doch
Diese Leere dieser Schmerz
Allein sein, im großen Herz
Schmerzen hier und Schmerzen da
Wo bin ich denn, ich träume ja?
Was ist Leben, was ist Sein?
Immer lebe ich in diesen Schmerz
hinein
Der Kopf verdreht,
Das Herz das schmerzt
Weg-gehen aus dem eigenen Herz
Was soll ich leben
Wer bin ich denn?
Alle fragen, was ist WENN?
Schwarzes tiefes unbekanntes Loch
Immer wieder bekommst du mich
doch

Erhebe deinen Bogen und spanne
ihn sehr
Erlebe das Zischen der Feder
und mehr
Spüre den Pfeil spüre das Ziel.

Sei eins mit dem Bogen
spann die Sehne sehr
Halte stand und sei ruhiger Hand
Sehe mit dem Herzen und bleibe
gespannt
Glaube an dich und deine Hand
Spüre rein und sei dabei
Lass den Pfeil sein
und gebe ihn frei

Danke dir für diese Nacht,
lange habe ich gedacht,
dies sei ein Ereignis von seltener
Tracht,
doch du hast sie mir gebracht.
Ich trag sie nun ganz tief in mir.
Immer werde ich daran denken,
was du mit mir gemacht, in dieser
wunderbaren Nacht.
Denn du hast mich weit weg
vom Alten und dir so nah gebracht.

(Djannet Bourema)

Papier in der heutigen Welt,
alle wollen sehen das goldene Geld.
Ohne Zertifikate und Co,
lassen dich viele nicht mal mehr
in ihr Büro.
Werte und Können
sind aus Zetteln gemacht.
Leben tun die wenigsten,
das Eigene nie erbracht!

In der Stille - ich schreie
Meine Krafttiere
mich stets begleitend
Meine Engel sind da
Meine Ahnen wachen jedes Jahr
In der Stille - ich schreie
Das Leben erwacht
Sie Sonne kraftvoll mir in mein
Gesicht lacht

Ach Schönheit aus tausend und
einer Nacht,

wäre ich doch aufgewacht,
hätte ich neben dir gewacht bis
zum Morgen,

wäre ich heute ohne Sorgen,
Schönheit ist des Auges Saft,

Wärme, die Herzenskraft,
Liebe mich sehr erfreut,
neue Lebensgeister erwacht.

Was ist Traum und was ist Wirklichkeit?

Was ist ein Traum und was wirklich?

Was wirkt in mir und was ist Traum?

Wie träume ich und wann träume ich?

Wann lebe ich meinen Traum?

Wann träume ich Leben?

Die Welt wird es neu geben
und alle werden sich erheben
Die Pflanzen die Tiere
die Erde im Hier
Insekten und Wesen aus allen
Zeiten
Sichtbar und klar so kann dein
Herz sein
Glaube es mir
ja!

Wie kann es sein,
dass Menschen unter Menschen
alleine sind?
Wie kann es sein, dass jeder wartet
bis der andere sein Schweigen
bricht?

Wie kann es sein,
dass keiner sich öffnet?
Wie kann es sein,
das du es als erster tust?

**Mein Herz es schmerzte
oft und sehr!**

Viele Narben liegen auf meinem
Herzen.
Dies sind all meine Schmerzen.
Mein Herz wurde oft gebrochen
und verletzt.
Verbunden all diese Wunden in
meinem Herz.
Oft verlor ich meine Lebenslust,
oft spürte ich auch keinen Genuss.
Doch mein Herz pochte immer
weiter, stärker und immer Sehr!
Und dann: ja dann kam auch
wieder der Lebensdurst.

„ *Wir brauchen die Quelle*

und nicht den Bach "

(Antonio Bachfischer)

Deine Seele weiß alles und ist
bereit,
deine Seele lernt und wächst und
gedeiht.
Deine Seele kennt das Streben
nach Leben.
Deine Seele ist voll mit Weisheit
und traut sich ins Leben,
deine Seele wird dein Leben
erbeben.
Deine Seele ist da, in dir,
deine Seele ist ständig mit dir.
Deine Seele ist dein,
und zusammen seid ihr Eins.

Dein Blick - er traf

Deine Aura - sie bestach

Deine Stimme - verzückte

Deine Worte - mich beglückten

Deine Geschichte - mich bewegte

Deine Schönheit - mich erregte

Dein Sein - mich verrückte

Deine Zeilen - mich entzückten

Wie schön ist es mutig zu sein,
zu öffnen mein Herz
für eine neue Liebe
- komm herein.

Mauer hier und Mauer da,
Frauen mit Mauern im Herzen,
hart, aber wahr.
Klar: Frauen trauen,
Frauen wollen,
Frauen tun,
sind achtsam und lieben,
ja so sehe ich sie klar.

Mauern schützen
Mauern grenzen ein,
manche Frauen
lassen sich dadurch allein.
Dem Leben beraubt,
aber leben und lieben wollen.
So geht das nicht!
   - TRAUEN -

Ich wünschte du wärst hier
bei mir,
ohne dich bin ich allein,
allein zu sein ist nicht schlimm,
mit dir zu sein:
ist dagegen mein Lebensgewinn.
Ich wünschte du wärst hier,
in meinen Armen, hier bei mir.

Am liebsten du wärst hier
und ich bei dir, in deinem und
meinem Herzen und ohne
Schmerzen, fühlend in uns.
Ich würde kommen zu dir,
ach wüsste ich nur deine Gefühle
zu mir, so wäre ich bei dir, um zu
öffnen meine und deine Herzenstür.

Mein Kopf denkt an dich,
mein Herz sehnt sich nach dir,
mein Bauch grummelt sehr,
ach wärst du doch hier.

*Nur ein Wort von dir und ich wäre
dein
Nur ein Wort von dir und ich wäre
bei dir
Nur ein Wort von dir und ich
gehörte dir
Nur ein Wort von dir und ich bliebe
hier
Nur ein Wort von dir und ich
öffnete dir die Tür
Nur ein Wort von dir und mein
Herz währe dein
Nur ein Wort von dir…*

… und du wärest mein.

Ein Freund ist ein Mensch,
Ist er keiner,
ist er dennoch ein Freund,
denn Freunde können auch
anders sein.
Sei dankbar und lass sie alle rein.

Entzweit
geschieht wie der Zweifel,
→ wenn dein Herz und dein
Verstand nicht im Einklang sind.

Der Kopf wird nicht verstehen was
das Herz schon weiß,
der Kopf hat gemeinsam mit dem
Herzen zu sein.

*Wer die Schuld hat,
dass viele Männer
keine Männer sind,
ist Vergangenheit.*

*Das viele Männer keine
Männer sind, ist Gegenwart.*

*Das viele Männer,
Männer werden wollen und
gebraucht werden,
ist Zukunft.*

Drache und Feuer –
Flammen,
Hitze und Feuer,
Krieger als Gefährte,
Drachen und Krieger,
als Drachenkrieger,
gelebt und getan,
Drachen und Krieger –
im Feuer erlebt,
Zusammen unsterblich.

Heute hast du dich nicht umgedreht
Kein Blick zurückgeworfen
Dein ungesagtes Wort
Dein Schweigen bringt mich fort
Glücklich sein, Liebe und Frieden
Alles kannst du haben
an diesem Ort
bist weder allein noch hast du nur
so zu sein
Voller Liebe bist du doch
drum bitte ich dich, lebe es doch!
Ja vieles Altes lastet auf dir
Drum sind wir zu zweit
Um zu zerschmettern das ewige
Leid

Heute hast du dich nicht umgedreht

Alle Liebe hat zu wachsen,
alle Liebe tut nicht weh,
alle Liebe lässt dich wachsen,
jeder Schmerz bringt dich weiter in
die Höh',
alle Liebe lebt Erfahrung,
alle Liebe ist im Sein,
alle Liebe fängt schwer an zu
wachsen,

mischt sich der Mensch mit ein.

Was ist ein Mann
in der heutigen Zeit?

Weich und stark oder nur noch
nicht befreit.

Wer ist stark und wer ist schwach?

Wer führt heute als starke Macht?

Was ist ein Mann
in der heutigen Zeit?

Traurig macht es mich sehr,
erlebt hast vieles und mehr,
nun fällst zurück in alte Muster,
immer wieder das gleiche Bild.
Traurig macht es mich sehr,
liegst doch an meinem Herzen
und mehr,
immer wieder tust du dir schwer.

Stell dir die Frage:
„Wie lange willst du eigentlich
noch fallen?"

Du bist wirklich dumm,
lebst hier und denkst im jetzt,
meinst zu verstehen was du fühlst,
wie du fühlst und hast schöne
Wörter dafür!
Alle sagen dir was Leben ist,
du lebst nach allen Prägungen der
Welt und Gesellschaft,
fragst dich oft, woher kommt diese
Zerrissenheit,
woher kommt diese LEERE,
dieses, mir fehlt WAS!
Weil du Angst hast,
dich zu leben
in deiner wahren Größe.
Weil du Angst hast,

zu <u>Leben</u> und zu <u>Lieben</u>, deshalb
bleibst du in der Matrix deiner
Gesellschaft
und deines Lebens, um nicht das zu
tun warum DU hier bist.

Du bist wirklich dumm
gemacht worden,
erkenne und wache auf,
du Sklave der Anderen wenigen.

Gedanken an dich
im himmlischen Licht

Bedanken möchte ich mich,
dass es dich gibt

Und du mich
in meinem Herzen triffst

Angst, Angst verletzt zu werden,
enttäuscht zu werden,
belogen und betrogen.
Furcht, jedes Anzeichen spinnt der
Verstand weiter.
Angst, Furcht, Beklemmung!
Eifersucht, Angst vor dem verletzt
werden,
so lieben geht nicht,
beklemmt, gehemmt, Schmerzen,
nein tu mir nicht weh,
geh nicht weg,
Angst zu verlieren,
Angst zu versagen,
Druck, und Zweifel nagt an mir,
mein Herz - dunkel -
schwarz voll beschmiert,
Angst vor Verrat und alleine
zurück zu bleiben, Angst…

Du bist da wenn ich dich brauche,
stark und klar,
vertreibst mir jeden Rauch.
Hüllst mich fest
und lässt mich gehen.
An deine Schultern,
ich kann mich anlehnen.
Welche Kraft und
Schönheit in dir wohnt,
glaube mir,
dies wird eines Tages
vom Leben belohnt.

Wie schön ist es den Frühling zu
spüren
Schmetterlinge flattern im Bauch
All die schönen Düfte und
herrlichen Gerüche
Mein Gesicht im klaren Wasser
getaucht
Frei atmend die frische Luft
Herz pocht und pulsiert in meiner
Brust
Wie schön ist es
sich zu fühlen

Wenn ich weiß wo der Nord und
der Südpol liegt,
weiß ich wo die Mitte ist.

Wieso nutzen die
Menschen sich nicht,
 sondern benutzen sich nur…?

Wir wurden getrennt um
Eins zu sein
um zu lernen das beides in uns ist
und wir wieder uns zu vereinen
haben
um aus zwei drei zu machen
damit wir wieder Eins sind.

Trommle tanze
schwinge rassle singe!
Hör auf den Rhythmus,
spür deinen Beat
Dein Herz schlägt und
gibt dir dein Lied.
Weiblichkeit leben,
Schlag für Schlag,
leben und Freude gegeben
Trommle tanze
schwinge rassle singe
Hör auf dein Herz
spür deinen Beat
Dein Herz schlägt und
gibt dir das Lied
Männlichkeit spüren,
Schlag für Schlag Beat für Beat
Spür dein Herz spür deinen Beat

Langeweile, Langeweile,
immer wieder Langeweile
Was mache ich wenn ich
lange weile?
Lange - weile
ist im Hier und Jetzt
was mache ich damit nun jetzt?
Lange - weile,
weile ich lange hier
und jetzt nichts zu tun ist ein
Gesetzt?!
Mal zu ruhen und nichts zu tun
und lange weilen, TU!

Wer ist Mann, wer bist du,
was ist Mann, was glaubst du?
Was sagen andere,
was meinen Frauen?
Wann ist ein Mann, ein Mann
und was bist du jetzt?

Ablenkung geschieht,
mit Brot und Spiel,
Fernsehen, Frauen, Kleider und
vielen Marketing Sinnen.
Gelenkt soll ich werden von einer
anderen Macht.
Damit ich nicht merke wie viel ich
habe an Power und Kraft.
Das Göttliche in mir und dir
zu leben und lieben für alle.
Menschen im Hier,
sei es vollbracht,
in Liebe zu dienen für sich und der
Macht,
um Liebes zu tun am
Tage und in der Nacht

Der Respekt vor dir selbst ist
wichtig um andere respektieren zu
können.

Deine Toleranz zu dir ist richtig.
Sie zeigt dir den Weg zu dir.

Dein Respekt und deine Toleranz
sind mir als Freund wichtig,
ich spüre sie,
ist da und du auch.
Ich danke dir für diesen Brauch.

Widerstreben gegen mich
Widerstreben gegen dich
Immer dagegen
So geht das immerfort im Kreis
Widerstreben und nicht sehen
Sich selber immer nur ergeben
Wieder einen Sieg der anderen mehr
Wie lange noch stellen wir uns
quer?
Zeit ist nun zu unseren Nutzen
Alle zusammen wir gemeinsam ihn
nutzen
Aufstehen und beginnen wir gleich
Alle zusammen kämpfen für das
Himmelreich

Weg damit, ich kann nicht mehr
All dieses Nerven und
all dieses Leid.
Alle Schmerzen,
ich bin sie alle leid.
Es nervt hin und es nervt her,
weg damit ich muss nicht mehr.
Was ist der Dreck
der mich hindert hier,
wenn ich das weiß, dann bin ich
nicht mehr hier.
Es nervt hin es nervt her,
weg damit ich weiß jetzt sehr,
wie es geht das genervte Leid,
macht sich heute kein
Kummer mehr drum breit.

Ach,
wenn ich doch nur weinen könnte
Voll Schmerz und Trauer
Ach,
wenn ich doch nur weinen könnte
Dann wäre ich vielleicht bald sauer
Ach,
wenn ich nur DICH
beweinen könnte
Würde ich schreien und verzeihen

„Ich bin so weit entfernt von allem
und komme immer näher"

Sei für dich dein
dann sei für jemand anders sein
Stell dir vor,
alles ist miteinander verbunden,
jeder Stein, jedes Tier, jede Pflanze,
jeder Mensch.
Stell dir vor,
alles ist miteinander verwandt.
Der Mond, die Sonne, die Erde,
der Himmel.
Stell dir vor, alles ist Eins,
das Feuer, das Wasser, die Luft,
sogar das Metall.
Stell dir vor, du bist mit allem
verbunden,
den Sternen, dem Universum,
deinen Ahnen.
Stell dir vor, es ist so,
was fühlst du?

Verbunden sein mit Erd und Natur
Der Mensch mit sich und anderen,
das gehört dazu
Verbunden im Glauben
Zusammen
Alle Menschen sollen sein.

Wichtig und Richtig -
das Herz zu leben

Wenn wir Menschen das tun
Dann gibt es ein Beben
Und dann kommt alles was noch
nie gewesen.

Ich fühle dich
und habe Angst um mich,
mein Herz ist offen
und verletzlich bin ich.
Lieben das tue ich,
Bei dir sein und in dir sein,
das will ich,
Angst habe ich,
vor Gefühlen und mehr,
zu spüren die Liebe,
unendliche Stärk' und viel mehr,
Weiß ich doch,
ich liebe dich,
egal was war,
deine Geschichte interessiert mich
nicht,
das Jetzt es zählt,
der Schmerz ist da,
doch diesen will ich wirklich nicht,
es liegt an mir,

es liegt an dir,
hilf mir,
so helfe ich dir,
in Liebe,
ich will lieben dich,
in meinem Leben ich will haben,
Dich
an meiner Seite will ich dich,
lass mich gehen zu mir und dir,
Herzschmerz darf sein, so ist es
wohl, denn den Beweis deines
Spieles den brauchst du nicht,
Glaube mir,
Ja Angst die habe ich,
Angst dich zu lieben,
so sehr,
das ich nicht mehr kann ohne dich.

Volk der Drachen
Zusammen im Herzen
Lachend
Freudig leben
Gemeinsam nicht einsam
Zusammen dienend und
Königsfreund
Schützend und lebend
Zusammen andere beweihend
Fröhlich singend

Gemeinsam die Klinge
für die Liebe und freie Herzen
schwingend

Ein Krieger mit einem Flügel bin
ich,
der andere kommt und will doch
nicht,
ich weiß und spüre ihn bald ist er
da,
es liegt an mir wie bin ich da.
Ein Krieger mit einem Flügel bin
ich,
erwachen ist meine Pflicht,
wachsen und gedeihen tue ich,
das Licht ist da das spüre ich.
Ein Krieger mit einem Flügel bin
ich,
meine Aufgabe kenne ich,
das wie und wo das weiß ich nicht,
doch kommt es bald das lebe ich.

Ein Krieger mit einem Flügel bin
ich,

Angst vor dem Versagen habe ich,
meine Ahnen sind da,
meine Begleiter stützen mich,
nun auf, fliegen will ich.
Ein Krieger mit einem Flügel bin
ich,
ich weiß bald sind es zwei,
dann liegt es an mir zu fliegen und
ich zu sein,
mein Leben zu leben in Aufgabe
und Pflicht,

zu führen mich und andere
ins helle Licht

CONSTANTIN BACHFISCHER, ein Memminger Autor und Maler.

Er schreibt Gedichte, Texte, Sinn- und Herzenssprüche aus seinem Herzen. Seine Bilder bringen die Emotionen aus dem Moment im Jetzt zum Ausdruck.

Seine Bilder dienen zur Anregung und zum Erleben der eigenen Emotion. Er möchte die Menschen zum Spüren und Fühlen ihrer eigenen Herzen und den der anderen anregen. Er ermuntert Menschen dazu, ihre Herzen zu öffnen. Seine Werke sind Möglichkeiten für sich selbst in den Kontakt mit den eigenen Emotionen zu kommen. Es sind Bücher aus dem Herzen für die Herzen, für mehr Emotionen im Leben.

Bücher aus der Herzens-Reihe zum Spüren und Erleben von Constantin Bachfischer erschienen im BOD Verlag Books on Demand GmbH, Norderstedt

Herzens-Sache Das Buch zum Reinspüren
ISBN: 978-3-8391-1545-9

Herzens-Fragen Was mir das Herz sagen kann
ISBN: 978-3-8423-3318-5

Mehr Informationen über den Autor und sein Wirken im Internet: www.all-life-balance.com